FINANZAS PERSONALES CONSEJOS BASICOS

FINANZAS PERSONALES CONSEJOS BÁSICOS

FINANZAS PERSONALES CONSEJOS BASICOS

INDICE

Introducción

Realiza una evaluación

Establecimiento de metas para una planificación financiera exitosa

Decide tus gastos con prudencia

Lidiando con las montañas de deuda y crédito

Todo lo que necesitas saber sobre impuestos

Saltando en el plan de seguro adecuado

Cómo obtener ayuda de expertos financieros profesionales

Bricolaje con software de finanzas personales

Ahorros e intereses compuestos

Pasos inteligentes de inversión

Conclusión

FINANZAS PERSONALES CONSEJOS BASICOS

Introducción

Estar en la cima y consciente de la situación financiera de uno definitivamente será una ventaja que la mayoría de la gente debería asegurarse de tener. Esta conciencia les dará la oportunidad de capitalizar las situaciones en caso de que surjan buenos negocios. Obtén toda la información que necesitas en este libro!!

Potencia tus finanzas personales: Desbloquear los principales obstáculos para lograr la libertad financiera personal

Cuando conoces bien tu situación financiera, siempre hay áreas en las que este conocimiento te ayudará a crear mejores oportunidades y plataformas de inversión. Este conocimiento y evaluación periódica también puede ayudar a convertir cualquier rutina financiera actual en una oportunidad de inversión en auge.

Con el uso de la información sobre las finanzas, también puedes tomar decisiones que aseguren una condición financiera saludable.

Realiza una evaluación

Esto también asegurará la ayuda para la persona que está tratando de frenar los hábitos de gasto negativos. Cuando se realiza una evaluación activa periódicamente, podrás eventualmente identificar las áreas que necesitan atención o control. A veces, la información aprendida del ejercicio de evaluación puede resultar realmente chocante, ya que suele arrojar luz sobre la situación de una manera muy detallada.

La mayoría de las personas asumen el ejercicio de evaluación para entender su posición actual y cómo pueden hacer ajustes para acomodar cualquier inversión para el futuro. Si no se tiene en cuenta la seguridad financiera para el futuro, con el tiempo se producirán muchos problemas cuando la persona no pueda mantenerse a sí misma y a sus familiares dependientes.

Las evaluaciones financieras también pueden ayudar a considerar la posibilidad de tomar otras decisiones más importantes para cambiar tu estilo de vida. Estos pueden tomar la forma de inversiones en propiedades, negocios, planes de jubilación y cualquier otro tipo de ejercicio que sea beneficioso desde el punto de vista financiero. Con una mejor planificación facilitada, puedes entonces explorar otras avenidas placenteras tales como vacaciones, pasatiempos que requieren compromisos financieros sustanciales y cualquier otro compromiso que requiera un gasto financiero considerable.

Establecimiento de metas para una planificación financiera exitosa

Lo ideal sería que todos tuvieran algún tipo de planificación financiera. Cuanto antes comienzes este ejercicio en particular, mejores serán las posibilidades de que te encuentres en una posición en la que puedas aprovechar las oportunidades.

Por dónde empezar

Los siguientes son algunos de los elementos a explorar en la búsqueda de establecer metas para una planificación financiera exitosa:

- El establecimiento de metas financieras mensurables es un ejercicio que debe hacerse muy temprano para el individuo. Con este tipo de planificación firmemente establecida se puede alcanzar el objetivo, ya que el individuo se mantiene enfocado en los objetivos. Esto también ayuda a diseñar un plan que involucra metas muy detalladas, en sus compromisos básicos.

- También debe haber algunas metas financieras mensurables que permitan al individuo presupuestar en consecuencia. La comprensión de las implicaciones de los compromisos financieros será sin duda un factor necesario a la hora de considerar las inversiones en su conjunto. Como cada inversión afecta a la otra, cada detalle debe ser claramente delineado cuando el proceso de fijación de metas está en la etapa de planificación.

- La valoración periódica de la situación financiera y de las inversiones de la persona debe ser una práctica que se incorpore a cualquier ejercicio de fijación de objetivos. Dado que pueden haberse producido varios cambios después de la valoración anterior, sería prudente que la persona reconsiderase las inversiones que no han tenido el rendimiento deseado, lo que le permitiría realizar los ajustes necesarios que considere oportunos.

- Planificar tan pronto como sea posible en la vida, le permitirá al individuo explorar la posibilidad de establecer varias metas, las cuales eventualmente ayudarían a llevar las inversiones a la madurez en el momento conveniente de tal vez, la jubilación. Cuando las opciones se exploran con una mentalidad realista, el ejercicio de fijación de objetivos asegurará que el individuo sea capaz de afrontar mejor las posibles desviaciones de cualquier tipo.

FINANZAS PERSONALES CONSEJOS BASICOS

Decide tus gastos con prudencia

Cuando se trata de finanzas, la mayoría de las personas parecen tener problemas para tomar decisiones sobre cómo se debe gastar su dinero y cómo tomar decisiones sabias que afectarían su futuro financiero. Hay mucha información disponible, pero encontrar maneras de poner esta información a trabajar para uno mismo, es el truco para ubicar las finanzas en orden.

Qué sucede

Los siguientes son algunos consejos sobre cómo decidir sobre el hábito de gastar que sería prudente y sabio:

- Tal vez uno de los mejores consejos que se pueden dar sería aprender a usar dinero en efectivo tanto como sea posible, en lugar de recurrir a las aparentemente convenientes tarjetas de crédito. Cualquier otra forma de transacción que no involucre dinero en efectivo, tiene la tendencia de hacer que el individuo gaste sin tener en mente una cantidad clara y controlada, por lo tanto, el individuo a menudo desconoce sus hábitos de gasto, hasta que se enfrenta con la tarjeta de crédito u otros estados financieros.

- Aplazar la compra de artículos que implicarían grandes cantidades de dinero, a menos que la mayor parte del pago o todo el pago se pueda hacer en efectivo es otra forma prudente de manejar las finanzas. Esto ayudará a la persona a centrarse mejor en el ahorro para el artículo y también evitar tener que pagar tasas de interés fenomenales cuando los pagos se realizan sobre la base de un plan de préstamo.

- Aprender a negociar el mejor trato al hacer compras es una buena manera de gastar prudentemente y, sin embargo, obtener el mejor trato. Además, ayudará al individuo a adquirir habilidades que podrían ayudarlo en otras áreas de la vida. También ayuda a aprender a desarrollar el hábito de ser fuerte y alejarse en caso de que el precio no se ajuste al presupuesto establecido.

- Diseñar un presupuesto adecuado y atenerse estrictamente al presupuesto ayudará al individuo a adherirse a hábitos de gasto prudentes. Esto se debe a que todo ha sido planeado cuidadosamente y está claramente elaborado, dando así al individuo una idea de cada gasto incurrido.

Lidiando con las montañas de deuda y crédito

Cuando se lucha para lidiar con una montaña de deuda que no parece estar disminuyendo, no importa cuánto esfuerzo se ponga en frenar el hábito de gastar, por lo general es un asunto muy estresante y complicado.

Sin embargo, no todo está perdido, ya que hay algunos ejercicios que pueden ser utilizados para traer un poco de calma a la deuda y la situación de crédito.

Examínelo bien

Las siguientes son algunas de las áreas que se deben considerar al examinar la administración de deudas y líneas de crédito:

- Uno de los primeros pasos a tomar es enfrentar la situación financiera de frente y tomarse el tiempo para entender en detalle la situación en cuestión. Al hacerlo, el individuo es capaz de tomar decisiones importantes y es definitivamente más consciente de cómo manejar mejor la deuda al considerar algunas formas viables de reducirla.

- Poner por escrito todas las cifras financieras de entrada y salida ayudará al individuo a hacer algunos ajustes y a tomar una decisión informada sobre qué deudas deben ser gravadas y priorizadas por encima de otras. Esto debería decidirse en función de los intereses que se devenguen sobre las deudas, ayudando así de alguna manera a no acumular más deudas.

- Contactar a los acreedores con la intención de rediseñar la situación de la deuda para que sea más manejable también será una opción a considerar. La mayoría de los deudores están dispuestos a ayudar, ya que eventualmente significaría que ellos también podrán beneficiarse de que la deuda sea pagada en su totalidad. El simple hecho de continuar con las condiciones de pago actuales no ayudará e incluso puede causar más problemas cuando la suma inicial no se compensa y los pagos sólo sirven para cubrir los intereses incurridos.

- Aunque esto puede incurrir en algún costo, buscar la ayuda de un planificador financiero profesional también debe ser explorado como una opción para encontrar maneras de manejar la montaña de deudas. Estos profesionales serán capaces de proporcionar una mejor visión de cómo manejar los asuntos para el mejor interés del individuo.

 FINANZAS PERSONALES CONSEJOS BASICOS

Todo lo que necesitas saber sobre impuestos

La mayoría de la gente asume erróneamente que los impuestos están destinados simplemente a ser pagados sin incumplimiento y de acuerdo con lo que se estipula en los formularios o facturas enviadas. Pocos se toman el tiempo para entender el sistema que calcula los impuestos, por lo que no les da espacio para hacer las reclamaciones que ayudarían a reducir al mínimo las cantidades gravadas.

Reduzca los impuestos

Si se hace un esfuerzo concertado para

comprender los sistemas fiscales, el individuo también puede encontrar posibilidades de solicitar y obtener privilegios. Estos privilegios son buenos porque idealmente devuelven el dinero a la mano del individuo y permiten más posibilidades de ahorro, donde el dinero puede ser utilizado para otros fines legítimos.

Las siguientes son algunas áreas que pueden ser exploradas con la intención específica de tratar de reducir los impuestos a través de los privilegios:

- Las deducciones se pueden hacer reduciendo los montos de los ingresos por los que se grava a la persona. Los cálculos se hacen sobre el ingreso bruto y estas deducciones se aplican si el ingreso bruto cae por debajo de una cierta cantidad.

También hay deducciones que se pueden calcular cuando hay cónyuges e hijos dependientes en la ecuación. Estos gastos incurridos pueden ser utilizados como un ítem que facilitaría los ajustes en el ingreso total, proporcionando así una buena plataforma para capitalizar para las deducciones.

- También existen posibilidades en ciertas circunstancias en las que las facturas médicas pueden utilizarse como posibles herramientas de exención de impuestos. Esta es especialmente la parte dependiente, incurre en tal proyecto de ley a largo plazo y no hay ayuda externa del cuerpo gobernante. Aplicaciones para que estos compromisos financieros figuren en la lista de exenciones fiscales.

- Los gastos personales también se pueden utilizar para solicitar deducciones fiscales, especialmente si algunos de estos gastos vienen en forma de apoyo a otras causas y organizaciones benéficas merecedoras.

FINANZAS PERSONALES CONSEJOS BASICOS

Saltando en el plan de seguro adecuado

Cuando se trata de elegir la cobertura de seguro adecuada, el individuo a menudo se ve influenciado por el argumento de venta dado por el agente que intenta vender la póliza. Hay mucha confianza, ya que el individuo depende en gran medida del consejo del agente que vende el plan.

La mayoría de las personas no se toman el tiempo para leer cada detalle de la póliza que desean, antes de hacer un compromiso financiero a largo plazo con el plan de seguro. Esto, por supuesto, es bastante tonto, pero a menudo el escenario más común cuando se trata de comprar un plan de seguro.

¿Qué plan elegir?

Los siguientes son algunos tipos de planes de seguro que se supone que son más útiles para el individuo y son una inversión adecuada a largo plazo a considerar:

- **Planes de Indemnización:** Esto usualmente viene en la forma de una cifra deducible preestablecida y ofrece el más alto grado de flexibilidad con respecto a la atención esperada y recibida.

- **Plan de organización de proveedores preferidos:** Este plan de seguro proporciona al individuo la cobertura de salud relevante que es en su mayor parte de un conjunto designado de instalaciones y paneles. En caso de que la persona decida utilizar sus propios conocimientos médicos, la prima se cobrará en consecuencia y, por lo general, será más alta.

- **Planes de organización de salud y mantenimiento:** En este caso existe la opción de elegir al médico de atención primaria de una lista predeterminada de proveedores de atención médica. Las reclamaciones se pueden entonces hacer en la póliza si los servicios de tal instalación se solicitan en cualquier momento dado. Este tipo de cobertura suele ser bastante general y puede que no cubra realmente necesidades más severas o especializadas.

- También hay planes de seguro de vida y planes educativos que pueden ser considerados por las razones obvias.

FINANZAS PERSONALES CONSEJOS BASICOS

Cómo obtener ayuda de expertos financieros profesionales

La mayoría de la gente trabaja duro para poder disfrutar de las cosas más finas de la vida, o al menos poder vivir una existencia bastante cómoda. Hay muchos compromisos financieros que requerirían la atención del individuo y estos compromisos crecen cada vez más rápido a medida que se aventura hacia más necesidades de gasto.

Ayuda profesional

Obtener la ayuda de un planificador

financiero a veces no es sólo algo sabio, sino que tal vez sea necesario para asegurar que el individuo no se comprometa financieramente en exceso. Algunas de las decisiones tomadas podrían hacer que la situación del individuo sea inútil y paralizante a largo plazo.

Las siguientes son algunas de las áreas en las que un experto financiero podrá brindar asesoramiento adecuado, de manera que el individuo cuente con la información necesaria para facilitar una elección informada sobre un esquema de compromiso financiero:

- Un profesional de las finanzas podrá asesorar sobre las inversiones previstas, ya que sus conocimientos en estas áreas serán más profundos y detallados. La orientación adecuada ayudará al individuo a tomar una decisión mejor y más informada a la hora de elegir las inversiones adecuadas. Estos profesionales son capaces de calcular los riesgos y mostrar las cifras que equilibrarían bien la inversión para mostrar los beneficios o mostrar una posible pérdida en caso de que la inversión no sea prudente a la que comprometerse.

- Los expertos financieros también pueden proporcionar orientación e información para los planes de jubilación y otros compromisos financieros, lo que permitiría al individuo disfrutar de una calidad de vida igual o similar durante la fase de jubilación. La asistencia prestada en esta área permitirá al individuo tomar buenas decisiones basadas en la información aprendida.

Bricolaje con software de finanzas personales

Para aquellos que son conocedores de Internet, también hay muchas otras opciones disponibles donde el individuo será capaz de obtener el software que permite que el ejercicio de planificación financiera sea explorado. Esto es ideal para aquellos que realmente no tienen tiempo para reunirse con un planificador financiero personal o que no quieren ser molestados por solicitaciones no deseadas.

Ayuda del software

Este software de planificación financiera

puede dar lugar a diferentes inversiones y consejos, dependiendo de la información suministrada por el cliente, que en este caso es la persona que busca dicha asistencia. Los planes de inversión ofrecidos suelen estar en línea con la información proporcionada por el individuo y, por lo tanto, son más adecuados, ya que se exploran todos los planes posibles antes de que el plan adecuado se adapte a las capacidades financieras del individuo.

Las instrucciones detalladas para todo el software financiero permitirán que casi cualquier persona con conocimientos básicos de Microsoft Excel pueda utilizar el material proporcionado de la mejor manera posible sin tener que incurrir en altos costos que vienen con el uso de un planificador financiero. Muchas comparaciones pueden ser facilitadas a través del software financiero simplemente tecleando los diferentes escenarios y esto puede hacerse infinitamente. No hay posibilidad de agotar los límites del software al alimentarlo con información financiera variable a menudo, sin embargo, esto no es posible con un planificador financiero, ya que la persona pronto se irritaría y agotaría con todos los diferentes estilos que el cliente quiere probar.

Uno de los softwares más populares que se utilizan con frecuencia es el conjunto de software de planificación financiera totalmente integrado que proporciona todo lo siguiente: opciones de software de jubilación, proyecciones de presupuesto y flujo de caja, proyecciones de patrimonio neto, proyecciones de múltiples universidades estudiantiles.

Planificación y proyecciones integrales de asignación de activos. Estos softwares están conectados entre sí para una integración completa y a veces son capaces de proporcionar una asistencia más competitiva que la del planificador financiero.

Ahorros e intereses compuestos

Poder obtener el máximo beneficio de una cantidad de ahorro es algo que a la mayoría de la gente le gustaría poder disfrutar, pero esto no siempre es posible, ya que no muchas personas son conscientes de los beneficios de elegir un plan de ahorro adecuado que ofrezca tales "recompensas".

¿Qué plan es para ti?

Cuando se trata del plan de ahorro que permite que el interés se acumule y luego se componga, vale la pena el esfuerzo y el tiempo que se necesita para explorar esto en profundidad. En términos muy básicos, esto significaría realmente que el interés obtenido del plan de ahorro permitirá al individuo disfrutar de una cantidad adicional de interés sobre el interés existente. Aunque parezca muy teórico, es posible encontrar planes de ahorro y de interés compuesto que se adapten a las necesidades de compromiso financiero de casi todos los inversores.

El concepto básico que se aplica a este tipo de plan sería idealmente reservar una suma fija, por pequeña que parezca, para depositarla en un plan de ahorro que abastezca a la plataforma de interés compuesto. Cuando este compromiso se pone en práctica seriamente sin ninguna posibilidad de vacilar en él, las cantidades acumuladas pueden ser bastante asombrosas y esto ayudará a motivar a la persona a mantenerse en él durante más tiempo y de forma más diligente. La idea principal detrás de este estilo de ahorro sería mantener el dinero en los planes de ahorro el mayor tiempo posible y asegurar que la facturación se haga de una manera firme y comprometida.

Las tasas de interés para estos planes se calculan generalmente sobre una base diaria, lo que presentará una mejor opción general para la persona interesada en capitalizar las pequeñas cantidades invertidas.

Pasos inteligentes de inversión

Es posible hacer planes de inversión inteligentes sin demasiadas complicaciones y papeleo detallado. La clave de los planes de inversión inteligentes reside principalmente en la capacidad de comprender y tomar decisiones inteligentes. Tomarse el tiempo y el esfuerzo para comprender a fondo el plan de inversión antes de comprometerse con él sería la mejor manera de llevar a cabo la idea de inversión inteligente.

Algunos consejos

Los siguientes son algunos puntos a

considerar en la búsqueda de asegurar que las inversiones realizadas sean beneficiosas para el individuo tanto en su forma actual como en el escenario a largo plazo:

- Asegurarse de que el esfuerzo por comprender los requisitos y ventajas particulares que dicta el plan elegido es quizás el ejercicio de exploración más importante en el que hay que embarcarse. Sin este conocimiento, el individuo estaría basando su compromiso en los rumores de otros y esto puede ser una locura cuando los pagos no coinciden con la promesa percibida del plan.

- No te dejes adormecer por un compromiso financiero, hasta que todos los aspectos del plan hayan sido completamente entendidos. Mucha gente se siente tan abrumada con el argumento de venta presentado que no se toma el tiempo para leer realmente la letra pequeña del plan que se presenta.

- Siempre desconfía de los planes que anuncian "gratis" beneficios, ya que éstos suelen estar vinculados a otros compromisos que normalmente no se explican y que tal vez nunca se exploran realmente hasta que se presenta la oportunidad, en la que los elementos "libres" son invocados por el inversor. En la mayoría de los casos es sólo entonces cuando el inversor descubre que la adición "libre" no es realmente como se percibió por primera vez.

- Recuerda que sólo debes comprometerte con lo que se pueda pagar en ese

momento. Sobre extenderse no es una buena idea, ya que podría causar que el individuo no cumpla con la inversión y pierda todo lo que ya se ha comprometido.

Conclusión

Mantener un buen control de tus asuntos financieros a veces puede ser una tarea muy difícil. Con el uso de los consejos anteriores debería convertirse en un paseo por el parque. Empieza a vivir una vida mucho más cómoda, deja de preocuparte por las finanzas y disfruta de tu vida!!

Visita nuestra página de autores en Amazon! ¡Y consigue más **MENTES LIBRES!**

http://amazon.com/author/menteslibres

Si lo deseas, puedes dejar tu comentario sobre este libro haciendo clic en el siguiente enlace para que podamos seguir creciendo! ¡Muchas gracias por tu compra!

https://www.amazon.com/dp/B082CTRBK4

www.ingramcontent.com/pod-product-compliance
Lightning Source LLC
Chambersburg PA
CBHW070841220526
45466CB00002B/841